ÉLOGE

DE

MADAME DE SÉVIGNÉ.

PARIS. — IMPRIMERIE DE SAPIA,
RUE DU DOYENNÉ, 12.

ÉLOGE

DE

MADAME DE SÉVIGNÉ.

OUVRAGE

QUI A OBTENU L'ACCESSIT D'ÉLOQUENCE A L'ACADÉMIE FRANÇAISE DANS LA SÉANCE DU 11 JUIN 1840

PAR CH. CABOCHE,

PROFESSEUR AGRÉGÉ AU COLLÉGE DE HENRI IV.

PARIS,

IMPRIMERIE ET LIBRAIRIE DE SAPIA,

RUE DU DOYENNÉ 12.

—

1840.

ÉLOGE

DE

MADAME DE SÉVIGNÉ.

Chi vorrà di costei.....
..... Parlar, quanto parlar n'accade,
Ben torrà impresa piu d'ogn'altra degna,
Ma non però, ch'a fin mai se'ne vegna.
(*Orlando furioso,* canto 42, stanza 94.)

Celui qui voudra parler de cette femme, avec autant d'éloge qu'il convient d'en parler, se chargera d'une tâche assurément plus belle que tout autre; mais qu'il ne se flatte pas pour cela *d'atteindre jamais la perfection de son sujet.*

Il y a dans madame de Sévigné un mot remarquable et qui donne en quelque sorte le secret de toute sa vie. Elle dit un jour qu'elle travaille à son âme, à son cœur, à son esprit; mot charmant entre tant d'autres, échappé comme un trait de lumière dans les longs épanchements de sa correspondance; mot profond dont on reconnaît à chaque instant la justesse et la vérité. Travailler à son âme, descendre dans ce profond abîme, surprendre sous leurs innombrables formes les élans de la nature, lâcher la bride aux instincts généreux, châtier et enchaîner les mauvaises passions, quelle tâche pour une femme vive, spirituelle, qui vécut seule, sans appui; et eut d'abord à traverser une époque corrompue et corruptrice, sans connaître jamais les puissantes affections et les pures joies de la famille ! Cependant, cette étude sérieuse, cette lente mais utile éducation de l'âme se poursuit chaque jour dans tous les événements qui l'environnent et dans toutes ses actions ; les morts qu'elle pleure avec tant de douleur et d'éloquence, les fuites du monde qu'elle admire, et qu'en sa solitude un peu mondaine elle voudrait bien imiter, les grands écrivains qu'elle lit avec passion, qu'elle commente, et par-dessus tout, la vivacité de l'amour qu'elle ressent pour sa fille, viennent tour-à-tour par d'admirables exemples, par de doux et sévères conseils, par de pieux sentiments, aider le perfectionnement de son âme.

Et aujourd'hui, ce ne sera pas, je crois, manquer de répondre au désir de l'Académie, que de laisser de côté les dates, témoins infidèles et aveugles, et de rechercher dans les confidences franches et sincères échappées à la plume de madame de Sévigné les fruits des enseignements de la vie. L'enfance, la jeunesse, la vieillesse, ne sont que de vains noms vides de sens, s'ils ne laissent dans l'esprit comme sur le front des traces de leur passage : et l'homme n'a pas vécu parce qu'il a traversé un certain nombre d'années ; mais parce qu'en avançant en âge, il a réglé la plus belle et la plus noble partie de lui-même; parce qu'il a épuré son âme et amélioré son cœur ; parce qu'en donnant plus de perfection à l'un et à l'autre, il a embelli les facultés de son esprit. C'est là la vie bien autrement belle, bien autrement noble que l'existence la plus remplie, que la carrière la plus brillante. Au prix de ces perfections morales, les succès de l'ambition, les vanités de la gloire sont bien peu de chose ; et si, comme l'a dit un philosophe [1], il faut de l'âme pour avoir du goût ; si les grandes pensées viennent du cœur, suivre les progrès de cette étude, ce sera suivre dans toutes ses formes le talent de madame de Sévigné.

Et quelle femme, en effet, dut plus à elle-même et aux longues leçons de l'expérience. Quelle femme fut moins soutenue

(1) Vauvenargues.

que madame de Sévigné dans le rude et pénible apprentissage de la vie? Abandonnée dans une extrême jeunesse à tous les hasards, et à tous les dangers du monde, jetée dans une société frivole, elle franchit par la force du bon sens et surmonte les écueils. Elle n'a pas la brillante et étrange fortune de cette *merveilleuse fée*, qui née en exil, condamnée à périr dans la mer, à garder la basse-cour, à soigner les tristes infirmités de Scarron, à essuyer la licence de ses paroles et celle de ses amis, va de degrés en degrés s'asseoir sur le plus glorieux trône de l'univers. Non; mais, comme elle, orpheline, et, comme elle, enchaînée par un triste mariage, plus légère, plus ardente, plus spirituelle, plus riche, elle vit irréprochable au milieu des plus grands périls. Madame de Sévigné ne connut pas sa famille; il n'y a dans toute sa correspondance qu'un assez faible souvenir d'un père *qu'elle avait*.

Encore si monsieur de Sévigné eût été pour elle, comme le veut le poëte, et son père et sa mère, qu'elle perdit si jeune; si sa faiblesse eût trouvé en lui sur qui se reposer; son impétuosité, à qui se dévouer sans crainte et sans bornes; sa frivolité, qui la corrigeât et lui donnât plus de gravité; si une main bienveillante eût soutenu et dirigé ses pas; si enfin cette sainte protection, dont l'homme entoure sa femme, eût répandu au fond de son cœur un heureux mélange de respect et d'amour, inépuisable trésor de vertus domestiques, elle ne nous paraîtrait pas entièrement *esseulée*, à son entrée dans le monde. Mais quelle amitié, quelle direction trouver dans cet homme dont la vie fut un scandale et la mort un crime?

C'est un poids bien accablant que le veuvage, pour une femme tout à la fois jeune et vive: si elle rencontre plus de liberté dans le monde, il y a aussi pour elle plus de devoirs, plus de dangers, plus de piéges dans tous les événements de la vie, plus de malveillance dans les yeux qui l'épient, plus de médisance et de méchanceté dans les sociétés qui l'environnent. Il faut bien que l'abandon d'une femme au milieu de la corruption du siècle soit une de ces positions pénibles où la vertu rencontre mille luttes à soutenir, pour qu'aux premiers siècles du Christianisme les plus grands génies de l'Église aient consacré leurs lumières et l'ardeur de leur zèle à prévenir avec la plus circonspecte charité les moindres oublis d'Olympiade ou d'Emmélie. Il fallait aussi qu'elles trouvassent le poids du jour bien difficile à porter, ces saintes femmes, filles et mères des plus grands saints, pour qu'elles suivissent à travers tous les caprices et toutes les agitations de la jeunesse, pour qu'elles arrachassent au bord de la retraite et aux mains mêmes de Dieu leurs fils qu'elles élevaient pour le ciel. C'est que la vue de leurs enfants était pour elles un soutien nécessaire : la présence d'Augustin affermissait Monique quand elle affrontait les dangers de la mer, quand elle supportait la vue des mauvaises mœurs de son fils pour les couvrir et les corriger ; c'était son fils qui fortifiait la mère de saint Jean-Chrysostôme, lorsqu'elle résistait si courageusement à la malice de ses serviteurs, aux mauvais desseins de ses proches, souffrait les injustes arrêts des hommes de loi et luttait contre les disgrâces et les soucis de sa condition.

Eh bien, même encore après tant et de si grands exemples, j'admire madame de Sévigné, qui a su traverser cette difficile épreuve en femme humainement prudente et sage, sans que les impertinents mensonges de son cousin Bussy aient sérieusement altéré sa renommée.

C'était le temps où un esprit de vertige semblait s'être emparé de toute la nation : époque inquiète et agitée, où les désordres civils cachaient bien d'autres désordres moraux ; où les liens les plus sacrés n'étaient plus que des chaînes ridicules, impuissantes ; où je ne sais quelle criminelle galanterie voilait de noms honnêtes d'indignes pratiques. Comment caractériser cette insurrection qu'on est convenu d'appeler la Fronde ; cette guerre civile sans passions, cette mutinerie commencée par des écoliers turbulents, soutenue ensuite avec entêtement par tous les ordres de la nation ; un coadjuteur de Paris, conspirateur intrépide et turbulent, duelliste insensé, employant à des intrigues de femmes le trop plein de son activité politique, orateur populaire aux pieds du roi et du haut de la chaire chrétienne, l'idole du peuple *des halles* malgré ses goûts aristocratiques; des princes du sang, qu'un moment de dépit à jetés dans la révolte, emprisonnés et bientôt exposés à toutes les bizarres aventures de la fuite; le parlement tantôt aveuglé par le sentiment de sa dignité, tantôt par l'orgueil de ses prétentions exagérées jusqu'à la révolte, tantôt par sa haine pour la domination incertaine de Mazarin; des femmes nobles et belles, animant de leur voix et de leur présence l'ardeur capricieuse du peuple des rues, tour-à-tour juges de la lice et témoins des grands coups de lance qui se donnent, tour-à-tour guerrières comme autant de Clélies, portées en triomphe par les bras rudes et grossiers du peuple à Paris, à Orléans, à Bordeaux; immense folie, dont les uns, comme Condé, conservèrent un éternel repentir; les autres, comme la Rochefoucauld, d'affreuses douleurs de goutte; les femmes, des ridicules énormes, mais ensuite un sentiment de dégoût, de honte, de pudeur et de piété; le parlement, une longue et pénible vacance; la littérature, une masse de couplets et de chansons; l'esprit français, une liberté plus grande, plus familière, et si j'ose le dire, plus libre.

Quelle impression la vue de tant de désordres et d'agitations faisait-elle sur madame de Sévigné? Quels sentiments l'animaient, quand elle voyait le coadjuteur, son oncle, ou son mari, possédés par l'entraînement général, admirés comme des héros, chansonnés comme des aventuriers; quand on lui racontait de quelle gloire s'étaient couvertes les duchesses de Longueville, de Montpensier ou de Condé, les rivières traversées, les villes prises ou défendues par l'enthousiasme qu'inspirait leur beauté; quand elle entendait parler de la prison qui gagne tant de cœurs aux malheureux et surtout à des princes? Eprouva-t-elle le regret de n'être pas l'héroïne d'une aventure, si petite et si pauvre qu'elle fût? Son imagination créa-t elle quelque roman pour supporter plus facilement les froides indifférences ou mépriser les criminelles légèretés de son mari? Jamais elle n'a parlé de ce temps; et c'est une chose merveilleuse qu'une femme unie à tant de frondeurs et des plus importants, par les liens du sang ou de l'amitié, ait pu éviter avec autant de bonheur de laisser échapper un seul mot sur ce sujet.

C'était le temps où elle devint mère : sans doute, ces premières joies pures et infinies de l'amour maternel, cette nécessité de se donner tout entière à des créatures faibles et impuissantes possédèrent seules son âme ; elle laissa gronder autour d'elle la Fronde et ses turbulentes mutineries, et resta paisible. Cependant les mœurs fausses des femmes devenues héroïnes, l'absence de sincérité dans les sentiments, de vérité dans les relations habituelles de la vie, le commerce de ces esprits plus mécontents et plus jaloux qu'irrités, qui cherchaient dans tous les actes du ministre, dans les paroles de la reine, dans ses menaces comme dans ses promesses de quoi entretenir leur humeur chagrine, lui donnèrent insensiblement quelques traits de ressemblance avec les personnes qu'elle fréquentait. Elle ne fut pas aventurière comme tant d'autres ; mais elle laisse échapper dans l'amour qu'elle éprouve pour sa fille plus d'un trait qui sent le roman, au point qu'on a quelquefois douté de sa sincérité ; et, à bien examiner le ton qu'elle prend en parlant de son fils, on dirait le langage indiscret et frivole d'une maîtresse qui raille et s'amuse aux dépens de son héros. Son esprit critique et juge : la raillerie est son arme. Les bons Bretons, et la penderie, et la fouesnellerie sont pour elle d'inépuisables sujets de rire. Les ridicules excitent *sa bile*, elle est frondeuse ; elle le sera longtemps encore ; et, dans ces temps plus graves, où l'amitié d'Arnaud, les premières atteintes de la vieillesse, la perte de ses amis la ramenaient à Dieu, elle répondait souvent à ces pressantes sollicitations par une raillerie : elle résiste, dispute, *chicane le terrain.*

On a remarqué que presque tous les grands hommes du grand siècle ou avaient pris part aux agitations de la Fronde, ou siégé dans les salons de l'hôtel de Rambouillet, ou partagé les passions et les persécutions de Port-Royal. Je le crois bien : c'était là qu'en dépit d'un ministre puissant, de l'usage dont l'empire est si absolu jusque dans les moindres choses et du pouvoir religieux établi, l'esprit de liberté s'exerçait sans contrainte ; c'était là que se concentrait toute l'activité de la nation ; c'était là qu'on pensait, qu'on écrivait ; rien en politique, en littérature, en religion, ne se faisait sans sortir de ces trois sources. Pamphlets, satyres ou panégyriques, romans, chansons, apologies pour des martyrs de leur croyance, attaques dirigées contre les puissances pour la défense d'une foi vive et profonde ; ce fonds immense de littérature que vit éclore la première moitié du dix-septième siècle, atteste l'activité de la Fronde, de l'hôtel de Rambouillet et de Port-Royal.

Soit besoin de mouvement d'esprit, soit relations de famille, madame de Sévigné passa des luttes de la Fronde à l'hôtel de Rambouillet ; et là elle eut un des premiers rôles à remplir. Solitaire par amour du repos, cette femme qui écrira sur un de ses arbres, *bella cosa far niente*, mit toute son activité au service de son esprit. Elle alla donc prendre place au milieu des précieuses, et ne dédaigna pas d'y régner.

Au premier aspect, cette société si légère et si frivole venait à côté des guerres de la Fronde, comme les créations comiques de Cervantes après les sérieuses folies de la chevalerie. C'est une espèce de parodie littéraire : c'est dans les Céladons du docte cercle, aussi bien que dans les Cyrus et les Artabans de la rue la même affectation de sentiments. Dans ces luttes raffinées de beaux esprits, comme dans les sanglantes mêlées des héros, chacun a sa dame, chacun porte ses couleurs : tournois étrange, où la froide pédanterie a remplacé la folle ardeur des vieux chevaliers ; où Ménage est le plus magnifique, le plus brillant des paladins, parce qu'il sait rendre en je ne sais combien de langues les subtiles fadeurs de ses sentiments ; où tant de femmes spirituelles, ingénieuses, venaient perdre dans la recherche et l'affectation les plus rares comme les plus précieuses qualités de l'âme, la vérité et la pudeur.

Toutefois, l'hôtel de Rambouillet, où madame de Sévigné parut pour faire schisme, eut sur la littérature française une moins funeste influence qu'on pourrait se l'imaginer. Avant que ses salons ne fussent ouverts, l'érudition, comme pendant toute la durée du seizième siècle, était à la vérité consciencieuse, profonde; mais hérissée et inabordable. Retranchés derrière leurs livres, comme dans une forteresse, les savants ne voyaient pas, n'entendaient pas les grands événements qui se passaient autour d'eux. L'antiquité était leur patrie d'affection ; ils avaient leur langue, leurs mœurs, leur culte ; tout entiers à comprendre, à commenter, à développer ce que les autres avaient dit, ils ne pensaient pas pour leur propre compte; mais en revanche que de notes, que de pages, que de volumes pour pénétrer dans tous les mystères des temps passés, ou bien, en désespoir de cause, pour imaginer les plus bizarres découvertes.

A côté de ce savoir, comme on parlait alors, la cour, toujours armée et guerrière, avait établi un camp ennemi. Songeant peu aux délassements de l'esprit, qu'elle méprisait, elle laissait aux hommes d'une naissance obscure des occupations sans dangers. Elle parlait peu, écrivait moins encore, ou ses moindres discours sentaient la poudre. « Nous sortîmes de la ville pour nous faire tirer des mousquetades, » dit un homme du monde dans un traité où Nicole passe en revue les qualités du corps et de l'esprit; et ce mot inspire à l'ingénieux écrivain tout un magnifique chapitre sur cette témérité aveugle et ce besoin de hasards, où l'âme semble s'oublier et risque follement son éternité. Mais bientôt, lorsqu'enchaînée sous la main puissante de Richelieu, épouvantée par l'effrayante majesté de Louis XIV, la cour se sentit toujours la même ardeur, sans pouvoir la déployer encore dans les guerres et dans les duels, elle s'occupa des ouvrages de l'esprit. Les femmes surtout, accoutumées à une sorte d'empire depuis les guerres avec l'Espagne, le règne chevaleresque d'Henri IV et les fréquentes minorités de nos rois, averties d'ailleurs par les tristes aventures des amazones de la Fronde, cherchèrent s'il n'y avait pas, pour déployer leur esprit et briller dans tout leur éclat, de théâtre plus convenable que la rue Saint-Antoine ou les créneaux de la Bastille, les faubourgs de Bordeaux ou les remparts d'Orléans.

Cette rencontre de l'érudition et de la noblesse, de l'esprit et de la naissance, de la ville et de la cour, eut lieu dans les salons de madame de Rambouillet, et tandis que le grand Corneille continuait à enfanter ses chefs-d'œuvre, que les provinciales créaient sans retour la langue française, ce sera cependant pour cette illustre maison une gloire d'avoir fait descendre les savants des hauteurs escarpées; d'avoir rendu l'érudition accessible, intelligible, familière; d'avoir civilisé, éclairé la noblesse; donné à la langue plus de réserve et de grâce, et cette qualité si grande, la netteté, qui fit longtemps un de ses plus beaux privilèges. Mais la lutte eut beau plaire à la noblesse à titre de nouveauté, et donner du crédit au savoir qu'elle ennoblissait; pour aiguiser l'esprit et former le goût, il fallut la lente action du temps : ainsi Balzac, qui écrivait en faveur de la naissante merveille du *Cid* une éloquente lettre, qui composait le *Socrate chrétien*, portait la prétention jusqu'à l'excès dans ses remercîments au marquis de Montausier, et dans ses laborieux billets à Colletet ou à mademoiselle de Scudéri.

Jeune et veuve, d'un grand éclat, d'un esprit vif, madame de Sévigné pouvait-elle paraître dans ce salon sans attirer aussitôt les regards et exciter les espérances. Elle parut et brilla; elle eut son règne de précieuse, et accorda au surintendant Fouquet pour prix de son amour une éloquente compassion aussi impérissable que le souvenir de sa disgrâce. Elle fit beaucoup plus pour Bussy, son cousin; elle daigna prendre le ton ordinaire de ses ouvrages, et ne rougit pas de lui écrire dans sa langue.

C'est une sorte de pédant fort grossier que ce Bussy, auteur licencieux, grand seigneur plein de fatuité et d'orgueil, qui écrit à sa cousine : « J'envoie chercher votre lettre et les chevaux de mon carosse. » Bel esprit raffiné, prétentieux, qui ne recule devant aucun scandale et prend sans difficulté tous les tons excepté celui d'honnête homme. Ne lui en déplaise, et, en dépit de ses très-humbles compliments à sa cousine, et des autels que sur sa parole l'antiquité lui eût élevés; dans toute cette partie de sa correspondance, madame de Sévigné est bien au-dessous d'elle-même. Ses plaisanteries sont de mauvais goût : c'est toute la recherche et la prétention de Voiture ; c'est tout le maniéré, l'affecté, le guindé du bel esprit : c'est un laisser-aller licencieux. Là, on le voit, elle n'a pas encore trouvé les sentiments, le ton, la langue qui lui conviennent. Elle est gênée, elle est contrainte, son allure est fausse. J'aime, je l'avoue, à la voir ainsi embarrassée, parce qu'elle est entrée dans une voie mauvaise et indigne d'elle. Elle n'a plus ni grâce ni finesse : ses lettres, ailleurs si vives, si aimables, si pures, je ne sais quelles taches les couvrent. Quand Bossuet, du haut de la chaire évangélique, suivait avec une effrayante logique les divers degrés de la chute de madame de la Vallière ; quand il portait sur toutes ses plaies encore saignantes une main hardie et salutaire, et qu'avec le généreux dévouement d'un ministre de Dieu, il peignait l'âme étourdie, enivrée d'elle-même, il s'écriait : « Dieu la punit par son propre déré« glement. » Eh bien ! Dieu n'a pas fait deux lois ; une pour les cœurs, une autre pour les intelligences. Ainsi, lorsque l'esprit naturellement si jaloux et si vain de ses avantages, se détourne des sources pures et vraies du beau, Dieu le punit par son propre déréglement.

Ah ! sans doute, quand l'âme remplie de tristes pressentiments et de regrets, madame de Sévigné décrivait les longs apprêts du départ aussi pénibles que l'absence même ; et puis la solitude, la nudité, le silence de la chambre déserte, et cette tête charmante de sa petite fille, vivante image de sa mère ; quand à mille reprises dans le cours d'une page, elle songeait aux dangers du voyage, et que, son cœur prenant le devant, elle aurait volontiers crié : prenez garde ; l'inquiétude de ce sentiment d'amour, passant de son âme dans sa lettre, y répandait un ton inexprimable de pureté et de douceur. Est-ce donc cette même main qui a pû tracer de plaisantes descriptions pour enjoliver les coupables légèretés de son cousin Bussy et du chevalier de Sévigné ?

Telles ne sont pas les lettres qu'elle adresse à Pompone

disgracié, sur la *disgrâce* du malheureux Fouquet. Là, on voit qu'elle suit, selon la charmante expression de Fénélon, la pente de son cœur : là, il y a de la vérité dans le sentiment et partant de l'éloquence dans le style : là, tout ce que la compassion a de plus noble, l'amitié de plus touchant, la crainte de plus timide, l'espérance de plus indestructible, vit et parle. Quelle dignité dans tout le rôle de Fouquet, qu'elle se contente d'appeler ce pauvre ami ! Quelle éloquence dans son silence comme dans ses paroles ! Quelle noble et paisible indignation dans ses reproches ! Elle les recueille, elle en donne différentes versions, elle les compare, elle préfère la plus noble et la plus réservée. Elle l'a vu au milieu de cinquante mousquetaires entrer dans sa petite porte : elle lui tient compte d'un salut. Elle a vu les bonnes dames Fouquet : elles ne s'attendent à rien de fâcheux. Vite, elle espère. Pourquoi, direz-vous? parce qu'elle espère. C'est qu'elles en savent plus qu'on ne pense. Et le lendemain vient dissiper ce *petit brin* d'espérance, qu'elle a au fond du cœur, Elle craint. Vous n'avez pas été oubliés dans son souvenir et sa reconnaissance, fidèles serviteurs, qui avez accompagné jusqu'au dernier jour votre maître malheureux : entre tant de noms célèbres, vos noms seront cités : entre tant de nobles dévoûments, votre dévoûment aura sa part de louanges !

La lutte s'engage : elle est vive. C'est M. Dartagnan, généreux et honnête; c'est M. le chancelier, qui n'obtiendra pas un reproche, mais dont elle conservera les odieuses questions. C'est M. d'Ormesson, qui parle avec netteté, Pussort, avec emportement et rage. Les voix sont partagées : on vote : qui, le bannissement, qui, la mort. Mais il est onze heures; comptons les voix, les incertains ont été fixés. Mais il faut attendre demain. Qu'il vive : c'est le seul vœu à former. Ayons la joie de voir notre ami, la vie sauve, quoique malheureux. Et le lendemain, il est décidé qu'il ne mourra pas. Tout émeut, tout intéresse; tout, jusqu'au, *quoi déjà!* tout est admirable.

Cette fidélité exacte des détails a sa poésie et son éloquence. Lafontaine n'est pas plus touchant ; l'émotion que le poëte ressent et communique doucement à l'âme par le charme des plus gracieuses images, naît à chaque page de ces moindres détails, parce que chacun de ces détails est un trait de vie. Madame de Sévigné fut vivement touchée du sort de Fouquet : oui, son talent a gagné de toute la franche et sincère douleur de son âme. Elle respecte le chancelier qu'elle n'aime pas ; elle se tait sur Sainte-Hélène et Pussort, qu'elle méprise. Pas un outrage, pas un reproche, et Fouquet téméraire mais innocent, défendu par toute la dignité de son attitude, laisse-t-il place dans le cœur de madame de Sévigné à d'autres sentiments qu'à la plus grave et à la plus noble compassion ?

Telle fut la première leçon que la vie donna à ce talent si varié, si léger et si sérieux : de ce moment commença à s'effacer peu à peu et à disparaître la trace de la recherche et de l'affectation ; parce qu'une amitié, non pas de ces amitiés passagères ou frivoles, mais une grande amitié, quoi*qu'étouffée sous un amas d'épines et un visage déguisé*, une amitié franche, solide, *toujours inquiète*, lui avait fait éprouver ses *peines salutaires*. C'en est fait : elle a ressenti la vérité d'une affection, seule source du bon et du beau. Qu'elles courent maintenant, qu'elles volent en tous sens, à toutes les heures, ces lettres, admirables confidentes de sa vie ; qu'elles disent à sa fille la joie et les alarmes de son amour : la postérité y suivra l'éducation de son cœur, et les progrès de son talent. Epanchements de l'amitié, effusion de la tendresse maternelle, espérances, craintes, gaieté, tristesse : tous les sentiments qui font la grande richesse de l'homme, viendront animer chacune de ses pages. On la verra dans sa correspondance, comme dans un miroir, telle que la virent ses amis, ardente, légère, avec toutes ses affections, ses haines, ses qualités, ses défauts : la vivacité de son cœur, l'entraînement de son esprit en feront une personne *vraie*.

Oui, c'est bien elle : c'est bien cette femme, dont le nom seul vaut un éloge pour ceux qui savent estimer l'esprit, l'agrément, la vertu ; cette femme, qui a laissé dans l'imagination de ses contemporains de si vives impressions. « Il me semble que je la vois encore telle qu'elle me parut la première fois que j'eus l'honneur de la voir arrivant dans le fond de son carosse, au milieu de monsieur son fils et de mademoiselle sa fille : tous trois tels que les poètes représentent Latone au milieu du jeune Apollon et de la petite Diane : tant il éclatait d'agrément et de beauté dans la mère et dans les enfants. (1). » Cette beauté, cette grâce, cette jeunesse fière et superbe, qui à la cour attiraient les regards sur mademoiselle de Sévigné, soit qu'elle parût en bergère, en amour, en nymphe, en Omphale; qui animaient la verve officielle du poète Benserade ou l'amitié de Lafontaine, et se reportaient avec tant de douceur sur sa mère pour honorer et embellir son triomphe, en dépit de son indifférence et de son air dédaigneux, charmaient l'orgueil maternel. Elle s'était fait de sa fille une idole, à tel point qu'on l'appelait *une jolie païenne* : mot plein d'esprit et de vérité, si l'on veut y voir une légère critique déguisée sous le plus gracieux éloge.

En lisant les compliments infinis que chaque jour la mère remet à la poste à l'adresse de sa fille, je me rappelle ces vers charmants où le satyrique de Rome conte les ruses des pères pour affaiblir ou dissimuler les défauts de leurs enfants. Là éclatent toute la naïveté de son amour, sa merveilleuse complaisance, son indulgence quelque peu aveugle. Son *inclination* la trompe quelquefois, et lui inspire des compliments dignes de l'Astrée ; mais aussi, comme son *amour maternel* la rend plus éloquente, plus vraie, plus grand écrivain. Était-elle heureuse ? Elle écrivait à sa fille pour lui communiquer sa joie. Etait-elle malheureuse ? Elle écrivait pour trouver quelque consolation dans ce doux passe-temps. Des nouvelles arrivaient, gaies, tristes, plaisantes, elle écrivait pour en avertir sa fille. Voyait-elle quelque chose de beau, comme une coiffure, une robe : avait-elle entendu une fable, un roman, une histoire, une tragédie, un sermon ? vîte, des plumes, de l'encre ; elle écrivait. Le soir, quand elle rentrait dans son silence et sa so-

(1) Mémoires de l'abbé Arnaud.

litude, elle n'avait pas de repos qu'elle n'eût écrit ce qui lui était arrivé, ce qu'elle avait vu, ce qu'elle avait entendu. Elle écrivait toute sa vie; sa fille était toujours au bout de ses pensées. « Vous m'êtes toutes choses, écrit-elle, je ne connais que vous; je souhaite que vous m'aimiez toujours, c'est ma vie, c'est l'air que je respire. » Et pourtant à la fin de cette même lettre, se trouve cette phrase digne de figurer dans le *Cyrus* ou dans la *Cléopâtre* : « Regardez un peu la lune, cette même lune que je regarde aussi; nous voyons la même chose quoiqu'à deux cents lieues l'une de l'autre. » Mais qui donc aurait le courage de relever toutes les expressions d'une conversation rapide, animée, où rien n'est étudié; où tout part, court, se hâte, se presse? Il faut bien pardonner quelques traits un peu romanesques à la cousine de Bussy, rassasiée de tant de couplets, à la grande admiratrice de Corneille, à cette femme qui pendant des années entières, entreprit plusieurs fois par semaine, par jour, de redire à sa fille de cent façons différentes : je vous aime. L'esprit par fois se lasse *à causer pour causer*, et il n'y a rien d'étonnant qu'ingénieuse à imaginer quelque trait nouveau, elle aille jusqu'aux limites du mauvais goût.

Après avoir lu tant de témoignages de son amour *vrai* et *naturel*, osera-t'on dire qu'elle n'aimait pas sa fille? Pour rendre cet amour, elle a créé des expressions que la passion seule sait trouver; elle a enrichi la langue de tours qu'elle n'avait pas auparavant, qui conservent encore aujourd'hui la même force et la même vivacité, lorsque tant d'années et de changements sembleraient avoir dû les effacer. C'est qu'ils sont assurément le cri de la nature. Eh quoi! si son amitié n'était qu'une vaine coquetterie, si toutes ses lettres n'étaient rien autre chose qu'une forme de mémoires nouvelle et originale, y rencontrerait-on, au milieu des plus frivoles détails, tant de pensées profondes et graves sur M. de Grignan, sur ses enfants? « Conservez bien la joie de son cœur par la tendresse du vôtre, dit-elle à madame de Grignan. » Mot charmant que l'esprit n'invente pas, que les livres ne donnent pas, que l'imagination ne saurait créer. Un tel mot se sent, pour ainsi dire: ce n'est pas j'imagine, dans la vie aventurière de M. de Sévigné qu'elle a pu deviner ce secret de la vie de famille. N'eût-elle écrit que cette ligne, il faudrait reconnaître qu'elle aima tendrement sa fille.

Il avait bien raison, cet homme qui disait que son esprit était *juste* et *carré*, *composé* et *étudié*. C'était l'avoir très-bien défini. Il faut quelque crainte, quelque joie, quelque vive émotion pour lui donner toutes ses forces. Son imagination est quelquefois fausse, son cœur est toujours vrai; il a plus de naturel. En face d'un grand événement elle est admirable : a-t-elle appris l'accouchement de sa fille, on trouve dans son langage plus de tendresse, plus d'expression de bonheur. « Que pensez-vous qu'on fasse dans ces accès de joie? Le cœur se serre, et l'on pleure sans pouvoir s'en empêcher..... Ce sont des larmes d'une douceur qu'on ne peut comparer à rien, pas même aux joies les plus brillantes. » Et quelques jours après : « Donnez-le bien à Dieu, si vous voulez qu'il vous le donne; conservez-bien ce cher enfant; donnez-le à Dieu. » Cette répétition est d'une grand'mère chrétienne. Les alarmes, les incertitudes de l'amour, qui les a mieux senties que madame de Sévigné? Quelle timidité dans sa joie! quelle réserve dans son bonheur! Mais aussi comme son inquiétude va se reposer dans l'asile de la foi chrétienne.

Cette voix si douce était celle que Dieu faisait entendre de plus près au cœur de madame de Sévigné dans les relations de la famille, dans les épanchements et dans les regrets de l'amitié. Comme les grands orateurs de la chaire, mais dans un genre moins élevé et moins noble, elle est admirable pour interpréter les enseignements de la mort et les mystérieux arrêts de la Providence. A côté de leurs voix solennelles, je ne puis oublier les accents plus simples, mais aussi touchants, d'une nièce reconnaissante, d'une amie dévouée. « Dieu, disait-elle, m'a donné un fonds de religion qui m'a fait regarder assez solidement cette dernière action de la vie. » C'est l'esprit du siècle. Voyez ces grands capitaines, qui peuvent se croire immortels au milieu de la gloire qui les environne, ces ministres chargés d'affaires, ces princesses brillantes de jeunesse, entourées d'hommages, tous sauront s'arrêter à temps, mettre un frein à la vie et songer aux approches incertaines de la mort. Quels récits admirables répandus çà et là dans les mémoires du temps, de morts humbles, saintes et douces! Ni le roi n'est assez grand, ni la gloire assez éclatante, ni la jeunesse assez fière et confiante pour les soustraire aux avertissements d'en haut; il y a des temps d'arrêt, d'irrévocables retraites, d'impénétrables asiles où le bruit du monde expire au souvenir des coups brusques de la mort. Dieu l'a touché, disait-on, et ces hommes à qui tout riait, l'âge, la fortune, la dignité, se retiraient du monde comme des convives se retirent d'un festin qui se prolonge trop. Mais aussi ces grandes et terribles leçons n'étaient pas perdues pour ceux qui restaient: debout sur le bord, ils suivaient des yeux les solitaires, les mains tendues vers l'autre rive, comme dit le poète latin. Quelle douleur dans madame de Longueville! quelle pieuse émotion dans le récit de madame de Sévigné! quelle espérance dans ce mot: il s'est confessé! et cette tante qui envisage la mort à loisir et en parle comme d'un voyage; pauvre martyr, qui depuis six mois n'avait pas eu un moment si doux! Et madame du Plessis, et ce bon abbé de Coulanges, qu'elle pleure avec un cœur tout filial! Récits touchants, où pourrait se suivre comme pas à pas le lent et opiniâtre progrès d'une âme qui se perfectionne et s'améliore. C'est encore à Bussy; mais à Bussy vieux et solitaire, que madame de Sévigné, solitaire et vieille aussi, adresse le récit de la mort du bon abbé. Mais comme tout est changé! Comme tout est devenu grave, résigné, douloureux! Elle l'a donc perdu celui à qui elle doit la douceur et le repos de sa vie, et quand elle a bien compté les services qu'il lui avait rendus, cette infatigable prudence qui l'avait sans cesse accompagnée, qui avait gagné ses procès, assuré son existence, marié ses enfants; après ces doux regrets, pleine encore d'heureuses espérances, elle pardonne à Bussy et tire un rideau sur ses torts: ce trait est admirable. La voilà cette femme; attaquée dans sa réputation par une des plus *dangereuses plumes de*

France, sur la tombe de celui dont la vertu lui fut sans cesse un rempart et une sauve garde, elle pardonne à la calomnie, et en même temps qu'elle regrette *l'agréable source de tout le repos de sa vie*, elle oublie celui qui seul a voulu en troubler la tranquillité. Ces traits délicats, mais rapides, brillent partout dans madame de Sévigné, dans le moindre billet comme dans la lettre la plus grave.

C'est là son éloquence ; simple, naturelle, sans artifice, sans ornement. Elle est émue, elle conte ; le fait et ses circonstances l'animent, elle anime son récit. Il semble que sa vivacité ne lui laisse pas le temps de s'arrêter, que sa raison dédaigne les ressources de l'art. Quand elle pleure Turenne, ce guerrier enlevé si brusquement, et qui demeure enseveli dans son triomphe, elle le loue comme Tacite loue Germanicus, par ses propres actions, par l'amour de ses soldats, par l'admiration de ses ennemis. Ce genre ne convenait pas seulement à une correspondance, il allait merveilleusement à l'esprit de madame de Sévigné. Pleine de finesse, d'une justesse rigoureuse, habituée de bonne heure à débrouiller ses procès, à les suivre, à les gagner, elle avait reçu de la nature et développé par la pratique des affaires cette sorte d'intelligence rapide qui veut entrer dans un sujet sans se laisser éblouir par l'éclat de l'*éloquence vraiment oratoire*.

Elle *va* en Bourdaloue ; cet orateur froid, mais exact et didactique, est l'homme qu'il lui faut. Elle aime ces esprits qui pénètrent dans un sujet et y font pénétrer un auditoire calme et réfléchi. Dans tous ses jugements, ce même goût la dirige et la domine, quelquefois même jusqu'à l'aveugler. Elle ne veut pas reconnaître toute la sublimité de Bossuet dans l'oraison funèbre du prince de Condé ; elle lui trouve un rival et presque un maître. La douceur enchanteresse de Racine, cette passion si tendre, si puissante, qui de l'âme du poète prend insensiblement possession de l'âme du lecteur, elle la condamne à passer bien vite, tandis que les traits énergiques, les vers *transportants* de Corneille lui semblent le sublime de l'art en confondant sa raison ; tandis que la logique rapide de Pascal, sa parole nue, son jugement ferme qui saisit et enlace, qui presse et serre, la subjuguent; elle admire cette justesse excessive de raisonnement. Où trouvera-t-elle un style plus parfait, une raillerie plus fine, plus naturelle, plus délicate, plus digne fille de ces dialogues de Platon qui sont si beaux. Elle aime Nicole; elle lui consacre de longues heures.

C'est de ces esprits vifs et ardents, raisonneurs et exacts qu'elle fait sa troisième société quand elle oublie un instant sa fille et que ses amis lui manquent. C'est dans leur commerce et dans leur intimité qu'elle vit, qu'elle pense; c'est sous leur dictée, en quelque sorte, qu'elle écrit; elle est de leur famille. Les regrets de la jeunesse, les approches de la vieillesse, les défigurements, la mort saisissant un ministre puissant, toutes ces grandes idées prennent en elle une teinte d'ironie légère et mordante. Sur ces sujets, Fénélon eût jeté les grâces d'une éloquence douce et harmonieuse, Lafontaine les fleurs d'une poésie simple, Bossuet les grands traits de son génie. Tel n'est point le langage de madame de Sévigné; soit qu'elle raconte la mort de ce grand ministre, de cet homme si redoutable, qui tenait une si grande place, dont le *moi* était si étendu, qui était le centre de tant de choses; soit qu'elle réponde à ce mot si cruel, mais adouci par tant d'amitié : Vous êtes vieille, elle le fait d'une manière gaie et railleuse. A la place de la voix terrible de Bossuet qui crie : Marche, marche, elle nous montre Louvois qui demande un instant pour faire encore deux ou trois coups d'échecs, pour donner un mat au prince d'Orange, un échec au duc de Savoie, et il n'a pas une heure, pas un instant, il faut mourir. C'est ainsi qu'elle sourit à la vieillesse. Avec quelle grâce elle parle de ce marché involontaire qu'on appelle la vie; elle n'a rien accepté librement, elle ne quitte rien volontiers. Les conditions sont dures, mais elle se soumet gaîment.

Ce mélange d'une humeur toute d'entraînement et d'une raison qui se contient et s'arrête, d'un esprit qui va toujours à *l'étourdi* comme sa plume, et d'un cœur qui sait du moins éviter les égarements, forme le dernier trait du caractère de madame de Sévigné, et c'est le plus curieux. Elle raconte dans une lettre charmante qu'étant allée dîner à Pompone, elle y était attendue par celui qu'elle appelle le bon homme, que sa sainteté l'étonna, que son amitié et son zèle la transportèrent, qu'il la gronda doucement, en l'appelant jolie païenne. La vue de ce vieillard si noble, l'imposante douceur de ses paroles, la grandeur des sacrifices qu'il avait faits à Dieu, l'autorité de son âge laissèrent une trace profonde dans son âme. Elle vit donc Arnaud, l'entendit et en fut touchée. Depuis elle vécut dans le commerce et la familiarité de MM. de Port-Royal. Comme eux, elle aime les fortes études ; elle lit peu de livres, mais elle s'en nourrit. Elle y trouve des beautés qu'on ne conçoit pas, quand on n'a qu'une demi-science. Elle lit Virgile dans toute la majesté du latin, elle commente saint Augustin comme fait Arnaud. Elle étudie Nicole et se sent meilleure ; les petites lettres de Pascal la ravissent et la transportent; les imaginaires lui semblent jolies et justes. Il n'y a pas de douleur à Port-Royal qu'elle ne ressente et qui n'ait un écho dans sa correspondance; mais ce qu'on retrouve surtout, ce sont les traits de leur esprit. En même temps qu'elle suit les conseils ordinaires de la bonne petite prudence humaine, elle ne trouve pas moyen de vivre sans la divine doctrine d'une Providence, dont M. de Pompone est adorateur et disciple; espèce de fatalité dont l'école admirait le triomphe dans la fable toute grecque de la *Phèdre* de Racine. Elle tance le pape, et l'engage à filer doux.

Quelle fut donc cette maison de vertueux solitaires, la plus nombreuse, la plus glorieuse, la plus brillante qui existât jamais, cette maison qui vit sortir de son sein ce que la poésie, la morale, la religion produisirent de plus éloquent, de plus noble et de plus sublime ; qui, imprimant un cachet ineffaçable à tant d'esprits si divers du beau siècle, forma la langue, créa le goût et enrichit la France de chefs-d'œuvre, toujours plus admirés plus ils seront relus ? Quel génie de ce siècle si fertile peut dire à Port-Royal : Je ne suis pas un des tiens, je ne te connais pas. Ni Bossuet, ni tant d'autres, et des plus libres, ne le désavoueraient; ils portent son empreinte, chacune de leurs pages les démentirait. Que Fénélon ait le privilége de ne relever que des bons vieux grecs et de son *esprit enchanteur*, tous les autres avoueront hautement leur origine. Port-Royal, c'est l'éloquence, c'est la poésie, c'est la plus légitime école du dix-septième siècle, c'est sa morale, c'est sa vertu.

Si on laisse pour un instant de côté la question de dogme, et qu'oubliant ce trop fertile sujet de luttes acharnées, on examine quelle destinée la Providence semble avoir assignée à Port-Royal, on verra qu'il fut une véritable réforme sous l'influence et comme sous la protection de la raison. Faussée trop souvent dans ses inflexibles prescriptions, altérée suivant les temps, les hommes, les circonstances, la loi qui régit les consciences n'était plus entre les mains des casuistes une règle de conduite incorruptible et sacrée, c'était plutôt une sorte d'excuse pour toutes les fautes. Loin d'éveiller le repentir à la vue de la morale foulée aux pieds, elle rassurait la conscience par la facile variété de ses restrictions et l'ingénieuse fécondité de ses arrêts; le cas sauvait toujours l'homme. Tant est capricieuse la sagesse humaine, toujours courte par quelqu'endroit! tant est grande la subtilité de la raison abandonnée à elle-même! Ces *saints solitaires illustres* parurent, et leurs ouvrages, comme parle un de leurs amis, apprirent à *discerner le nécessaire de l'écorce*, *éclairèrent la foi*, *développèrent le cœur de l'homme*, *réglèrent ses mœurs*, *et le guidèrent entre la juste crainte et l'espérance raisonnable* (1).

De graves sujets soulevés, examinés avec un mélange de foi et de doute, une soumission respectueuse à la morale évangélique, une liberté fière et indomptée, quand elle arrive aux pratiques : cet esprit d'examen, que ses liaisons avec la Fronde lui avaient donné en politique, porté dans les questions absolues de la religion : une discussion rapide, mordante, et la continuelle préoccupation des intérêts les plus sérieux en dépit de la frivolité d'une lettre, voilà ce qui donne à la correspondance de

(1) Saint-Simon.

madame de Sévigné une valeur qu'aucune autre correspondance ne saurait offrir. C'est le grand trait du dix-septième siècle, d'avoir produit à la fois, et ces admirables génies qui s'humiliaient comme de simples enfants devant l'imposante majesté des mystères chrétiens, pour y puiser leur éloquence; et ces esprits élevés, mais raisonneurs humbles et superbes, que l'entrainement de la lutte porte quelquefois jusqu'à la révolte en dépit de leur inaltérable vertu. *Pour quelques uns, il y avait plus d'affaire à devenir chrétiens qu'à se faire catholiques.* Port-Royal, qui semblait une retraite et un asîle d'où les enfants du siècle, enfin désabusés, criaient par tant de voix à leurs frères qu'il fallait s'arrêter dans l'entraînement rapide de la vie, et songer à son âme; Port-Royal, si savant, si vertueux, si moralement chrétien, ne savait pas toujours garder cette difficile mesure dans le bien, ni s'arrêter au point où les plus belles qualités perdent leur nom; il échoua en plus d'un point par le côté même qui a causé, développé et perdu les sectes réformées, l'esprit de discussion et d'indépendance sorti des bornes, où la religion l'avait sagement enfermé pour contenir ses écarts.

Tous les ouvrages des ennemis de Port-Royal sont pleins de ce reproche que son esprit n'aboutit à rien moins qu'aux prétentions de la réforme, que Pascal, Arnaud, Nicole et tant d'autres sont de véritables sectaires; que ces écrivains superbes et altiers n'ont pas brûlé, il est vrai, la bulle du pape, mais qu'ils ont repoussé la constitution avec une fanatique opiniâtreté : exagérations de partis, qui ont pourtant une cause et un fondement. Il importait peu, j'en conviens, à ces grands esprits que les cinq propositions se trouvassent ou non dans Jansénius; il importait peu à la France que je ne sais quel couvent relâché et corrompu se réformât sous l'active direction d'une abbesse; qu'elle eût pour confesseur M. de Saint-Cyran ou M. Singlin; mais ce qui importait à la raison, c'était qu'on n'osât pas abuser de la théologie pour en faire un instrument d'injustice et d'oppression, pour en tirer avec la plus fertile subtilité les plus bizarres conséquences, pour justifier les crimes, apaiser les salutaires remords de la conscience, et délivrer l'homme de l'utile crainte de Dieu, pour le placer en un mot, comme disait originalement Nicole, *dans une assiette tranquille entre les deux héritages.* Ce fut sous le règne de la politique artificieuse de l'Italie, quand la religion jetée au milieu des affaires du monde, et assise au ministère, laissait relâcher la sévérité de sa discipline et altérer la pureté de sa morale, ce fut alors qu'on vit naître Port-Royal pour conserver et réformer au besoin.

Les grandes questions de la religion et de la morale, le bonheur de cette vie, le bonheur de l'autre, agités, discutés avec passion, donnaient à la parole des solitaires une force incroyable. C'est là source de l'inaltérable gravité de leurs ouvrages et de leur langue. L'ardeur de la lutte était aussi grande de leur part que la subtilité de leurs adversaires, l'importance de la victoire était immense; de là, la netteté de leur style. Sévères dans leurs principes, purs dans leurs œuvres, d'une vertu aisée, facile, ils avaient toute la gaieté qu'amène avec elle la pureté de la conscience; et, comme il leur fallait lutter contre les ruses et les artifices des casuistes, la sérénité de leur foi et l'enjouement de leur esprit leur donnaient souvent un ton d'ironie et de légèreté qui anime autant les Provinciales que les Lettres de madame de Sévigné.

Cette humeur un peu moqueuse avait d'ailleurs une autre cause; j'ai toujours remarqué que la croyance à une puissance supérieure, fatalité ou Providence, sans examiner ici le sens qu'on doit attacher à ces deux mots, portait l'esprit à la raillerie, quand les volontés suprêmes venaient troubler les calculs de notre raison. Dans l'antiquité, qu'à la vue des proscriptions de Sylla ou de la tyrannie des empereurs, Lucrèce et Pline lancent contre la fatalité qui leur semblait peser sur l'homme, l'imprécation du désespoir, rien de mieux; mais dans l'asile de la foi chrétienne, avec les trésors de l'éternité, l'injustice a disparu; et l'homme peut se soumettre sans regret et avec confiance à la bienveillante autorité de la Providence. Du haut de ce point de vue, et il faut une grande force d'esprit pour s'y élever, on envisage avec pitié les tentatives souvent impuissantes de l'homme qui s'agite en maître sous la main qui le guide. La vanité de ses efforts, l'orgueil de sa faiblesse, ses rêves, ses espérances prêtent à rire. Il y a une si prodigieuse contradiction entre nos prétentions et nos forces, que c'est un jeu de les mettre aux prises. Madame de Sévigné trouve un sujet de plaisanterie dans cette contradiction : elle n'ose appuyer sur les arrangements qui lui plaisent, de peur que la Providence ne soit pas du même avis. Cette chère Providence, qu'elle regarde souvent pour ne pas aller se pendre vingt fois le jour, calme toutes ses douleurs, et fixe toutes ses pensées. Qu'est-ce que ce fonds de gaieté qui anime le récit du mariage de Lausun, de la mort de Vatel, et tant d'autres ? qu'a dû faire madame de Sévigné ? Il lui a suffi d'anatomiser le fait, comme Nicole *anatomisait le cœur*. Ces qualités, ces défauts, sont les qualités, les défauts de Port-Royal. Les tours et les détours de ses récits, la malice de ses épigrammes, les inépuisables redites de son amour maternel, de son amitié, qui est une recommenceuse, la verve de ses plaisanteries, c'est à Port-Royal qu'elle le doit. Ni ses narrations ne sont piquantes, ni sa plume n'est légère, ni la cour n'a d'événements curieux, tristes, amusants, de révolutions brusques, ni rien dans sa vie uniforme n'est intéressant au prix de cette raison qui voit avec promptitude ce que le malheur a de plus imprévu, ce que la vie humaine a de plus bizarre. Ainsi les formes les plus opposées de ce talent original, ce mélange de gravité intérieure, de gaieté dans le ton, cet enjouement d'une âme toujours maîtresse d'elle-même, qui sans écarts, sans oubli, assiste en quelque sorte à tous ses mouvements; cette tranquillité que n'altéra jamais le souvenir de quelque grande faute; mais aussi que n'éleva pas jusqu'à la piété sublime de madame de Longueville le souvenir de quelque grande passion, ce lent et opiniâtre travail d'un esprit qui se cherche et s'étudie pour se corriger : c'est là toute madame de Sévigné.

Ainsi décrite et représentée, pour achever son portrait, il me reste à la montrer au milieu de ses amies, où elle régna par sa beauté et son esprit. Qui pourra dire quelles étaient les conversations de ce cercle retiré, où l'on *s'entretient des mouvements de cour*; où l'on sait *peindre si joliment en énigmes* les jeux capricieux de la fortune; où les nouvelles de la littérature trouvent toujours un écho et comme un retentissement; où l'on admire, où l'on juge avec une entière liberté Louis XIV, Bossuet, Turenne, Corneille ou Racine? C'est à Meudon, où le vert naissant et les rossignols lui donnent de la douceur dans l'esprit, que madame de La Fayette la reçoit; madame de La Fayette, sûre d'occuper la seconde place dans son cœur et contente de ce rang. Là, cette femme, reçue à Versailles, très-bien, mais très-bien; à qui le roi montrait toutes les merveilles, la princesse de Savoie envoyait de magnifiques présents, le grand Condé faisait visite, fatiguée de dire bonjour et bonsoir, vivait dans le silence et le repos. D'un esprit et d'une raison dont on était bien heureux de faire usage, aimable, estimable, vraie dans ses affections, vraie dans son style, sans avoir gagé d'être parfaite, elle composait ses ouvrages, où son imagination et son âme venaient se réfléchir. Elle réformait le cœur de La Rochefoucauld, pour y déposer le germe d'une amitié qui fût digne d'elle. Elle avait tourné sa vie de manière que le temps, qui est si bon aux autres, augmentait le regret d'une perte si grande. Pourtant ses amies se souvenaient d'avoir bien ri et bien fait *des folies avec sa sagesse :* mot parfait, qui peint mieux que tout éloge l'ingénieux auteur des plus sages romans, l'amie bonne, sincère, dévouée, qui écrit : « La grande amitié que vous avez pour madame de Grignan fait qu'il en faut témoigner à son frère. » Et dans un autre endroit : « Vous êtes vieille. » Et, cette expression, si dure, si désagréable pour les oreilles d'une femme, elle la rachète par le plus charmant et le plus fidèle portrait de son amie.

Dans ces réunions, d'où la contrainte était bannie, plus glorieuse et moins simple, parée de son esprit, madame de Sévigné avait besoin d'être gaie : il fallait de la joie à son âme. L'autre, d'une santé faible, lasse de faire toujours la même chose, avait plus de rapport avec madame de Maintenon : c'était ce même jugement, toujours maître de son cœur et de sa parole, ce même esprit contenu et resserré dans les bornes de la douceur et de la raison. Madame de Maintenon régnait secrètement dans cette société, par son esprit merveilleusement droit; et avec son habitude des horribles agitations d'un certain pays qu'elle connaît si bien. Madame de Coulanges y portait son langage doux, juste, correct : c'était assurément la moins bonne, la moins spirituelle, la plus mondaine de ces nobles amies; et pourtant, quand l'âge s'appesantit sur sa tête, quand elle sentit sa santé s'affaiblir, sa malice disparaître, ses épigrammes s'émousser, elle dit adieu à la société; convaincue de son néant, et charmée de cette grande tranquillité que donne la vieillesse, sans faire d'autres connaissances, *dégoûtée des nouveautés*, restée seule de cette brillante société, elle détourne sans regret les yeux de cette vie qui s'échappe, et se console. Elle vit encore, mais dans le *passé*, où la reportent ses affections et ses souvenirs.

Au sein de cette assemblée, où l'amitié avait la première place; où l'esprit et le cœur se donnaient libre carrière, arrivaient par fois une pièce de Corneille ou de Racine, un livre de Port-Royal, ou encore quelques-unes des pièces de Scarron ou de Lafontaine, que ne réprouvaient ni le goût ni la pudeur. On prend plaisir à se représenter le docte Corbinelli revêtu des dépouilles d'Horace et de Cicéron qu'il a coupés en fragments, pour donner à son auditoire une idée des compositions de l'antiquité; l'abbé Tétu, dont les vapeurs occupaient si vivement toutes ces amies, comme il les charmait par son humeur bizarre et dominante. (1)

Mais une si bonne mère peut-elle entièrement oublier sa fille qu'elle aime passionnément, quoiqu'elle ait eu la folie d'aller chercher un homme au bout de la France? Ne pouvant ni la voir, ni lui parler, ni l'entendre, elle lui écrit et laisse aller sa plume avec autant de légèreté qu'elle laisse aller son esprit dans

(1) Voir la note à la fin.

la conversation : c'est la même liberté ; c'est l'heureux privilége de son temps aussi bien que de son esprit.

En effet, ce siècle heureux, où les troubles civils se dissipant devant la majesté douce et sereine d'un roi victorieux laissaient pourtant dans les esprits toute l'ardeur et l'énergie de la passion contenue et maîtrisée sous le joug de la loi; où l'homme, émerveillé par les immortels ouvrages des plus grands génies, par les belles actions dont il était le spectateur, par les chefs-d'œuvre de l'art, par la pompe des fêtes, était sans cesse environné des témoignages de sa grandeur et de sa dignité; où les mœurs, exquises dans leur raffinement même, légères sans être corrompues, faisaient, à force de décence et de repentir, pardonner la faiblesse; où les grâces du corps, les agréments de l'esprit régnaient sans partage dans le plus magnifique palais qu'aient jamais élevé les mains de l'homme; où les femmes, avec la vivacité de leur langage, la noblesse de leur beauté, faisaient le principal ornement des fêtes; tandis qu'au milieu de ces joies humaines la voix sublime de la religion venant à s'élever, les plus légères et les plus frivoles se convertissaient à Dieu, et que mille plumes ingénieuses répétaient avec admiration les triomphes d'un Bossuet ou d'un Bourdaloue, comme elles traçaient les bulletins de victoires de Turenne ou de Condé. Ce siècle vit éclore plusieurs correspondances que la postérité admirera toujours comme la vivante image d'un temps passé sans retour.

Avant que les génies les plus élevés, comme les esprits les plus légers aient donné, à l'époque dont nous parlons, des modèles dans le genre épistolaire; avant que les évêques, les princes, les politiques, les femmes aient écrit pour satisfaire au besoin de leurs affections ou remplir les devoirs de leur ministère; deux auteurs, Balzac et Voiture, avaient fait profession d'explorer ce genre comme une partie inconnue et nouvelle de la littérature. Déjà cette prétention de composer une lettre, comme s'il s'agissait d'une ode ou d'un discours est fausse et mauvaise. Non : quoique la critique ait donné des règles et tracé des lois au genre épistolaire, quoiqu'elle le juge, ce n'est cependant pas une de ces parties de la littérature dont un caprice donne le droit de prendre possession. N'écrit pas qui veut comme madame de Sévigné ou madame de Maintenon.

Voiture n'a pas assez de modestie : aussi, le goût lui manque. Il écrit trop pour faire de l'esprit ; et son esprit, il le dépense sur des sujets frivoles et insignifiants. De là un ton maniéré, de la recherche, des efforts inouis pour donner de misérables ornements à des sujets qui ne valent pas les frais. Voiture écrit à mademoiselle de Bourbon qu'il a été berné. Est-ce la peine? Il dit tout ce qu'il a vu du haut des airs, et entr'autrés merveilles mademoiselle de Bourbon, coiffée de rayons lumineux, s'avançant comme un astre sur le pont de Lyon ; il raconte la métamorphose dans un style analogue. Est-ce encore la peine? Jadis à Rome, à défaut de grands sujets lyriques on composait une ode sur la santé du lion de Domitien, comme à Alexandrie, sur la chevelure de Bérénice. Dieu sait ce qu'il fallait de recherche pour cacher la pauvreté de pareils sujets! Ailleurs, Voiture énumère tous les miracles qu'a faits madame de Rambouillet *en sa fille;* ou bien il compare avec complaisance les mets de la table de Balzac et les fleurs de son esprit. Malgré toute cette élégance prétentieuse, malgré ces plaisanteries, plus savantes et plus laborieuses que gracieuses et naturelles, il y a dans Voiture des idées, des phrases, quelquefois même des pages que pourrait avouer un écrivain plus habile. Un voyage sur le Rhône, par une de ces belles journées qu'on ne voit jamais à Paris que dans le plus beau temps de l'été; les montagnes du Dauphiné chargées de neige; les collines du Rhône couvertes de vignes; des vallons à perte de vue tout pleins d'arbres fleuris, lui fournissent des détails charmants et bien rendus. On le suit avec plaisir, quand il parle du soleil qui brûle les hommes et tarit les rivières : « Alors, dit-il, vous reviendrez ici retrouver le printemps que vous avez déjà passé de là, et y revoir des violettes, après avoir vu tomber les roses. Pour moi, je souhaite cette saison avec impatience, non pas tant à cause qu'elle doit nous rendre les fleurs et les beaux jours, que parce qu'ils doivent vous ramener. » C'est là une pensée gracieuse exprimée dans une langue pleine de pureté. La *Bataille de Rocroy*, le *Passage du Rhin*, le *Bannissement de Car*, sont encore ornés de beautés diverses.

Il y a de grands rapports entre Voiture et son contemporain Balzac. C'est le même esprit, mais moins recherché, le même ton d'érudition, mais moins pédant. C'est un homme de meilleure société, il a un sentiment littéraire plus développé, une admiration plus vraie que Voiture. Sa lettre à Scudéri, en faveur de la merveille naissante du Cid, est aussi éloquente qu'ingénieuse. Voiture a l'air d'un homme qui se trouve tout à-coup transporté dans un salon et une société brillante, il veut par la fermeté de sa contenance, par le luxe de sa toilette et la recherche de ses paroles, paraître un des familiers et des égaux de la maison. Mais à la gêne et à l'embarras de son allure, on voit facilement qu'il est dépaysé. Balzac a la démarche plus franche et plus sûre; c'est un homme qui s'écoute volontiers et se regarde parler; il arrondit ses phrases avec soin et complaisance. Sa gaieté a reçu une meilleure éducation; il se contient plus, sa plaisanterie est plus grave. Toutefois le genre épistolaire est entre les mains de ces deux écrivains, ce qu'est l'éloquence entre les mains d'Isocrate. Il n'a pas de vérité parce qu'il n'est qu'un exercice de l'esprit et un jeu de l'imagination, parce que rien de sérieux ne les intéresse.

« Nous écrivons trop, disait madame de Maintenon, et c'est encore un de nos défauts. » Ecrire trop, ce mot seul condamne les correspondances de Voiture et de Balzac. Ainsi, toutes les fois que vous n'avez rien d'important ou d'utile à communiquer aux autres, que ce n'est pas un besoin réel et véritable qui vous arrache une lettre, vous êtes coupable aux yeux du goût. Ecrire trop! ainsi toutes les fois que vous faites d'une lettre une œuvre littéraire ou un passe-temps, quand vous écrivez pour écrire, vous êtes dans un genre faux. Ce précepte de madame de Maintenon suffirait peut-être pour faire loi, quand bien même elle n'aurait pas encore à montrer d'admirables modèles à l'appui de ce qu'elle vient de dire. Madame de Maintenon avait éprouvé tout ce que la pauvreté et un mariage malheureux entraînent de peines et de dégoût. Elle avait retiré dés embarras de la vie et de la triste expérience qu'elle en avait faite un caractère que n'a pas madame de Sévigné. Les âmes qui ont beaucoup souffert ont gagné aussi en vivant plus de douceur. Le malheur est une excellente école et une salutaire épreuve pour donner aux nobles élans de l'âme plus de gravité, de réserve et de force. Cette femme, qui vantait presque à l'égal des plus hautes vertus l'esprit de conduite dont elle avait su tirer d'admirables fruits, qui avait longtemps gémi sous le joug de l'infortune, était sortie de cette rude épreuve plus résignée, plus douce et plus ferme; mais aussi sa haute fortune la rendait plus enviée et plus malheureuse.

Quand je lis ses lettres, je me représente sa figure plus douce et plus belle, plus imposante que gracieuse; tantôt immobile, sans être roidie par la gravité, tantôt légèrement animée par le sourire. Soit qu'elle excite la piété de ses petites filles de Saint-Cyr, soit qu'elle conte au duc de Noailles ou à la princesse des Ursins les superbes ennuis de son existence, soit qu'au milieu de l'éclat et de la pompe de Versailles un mot lui rappelle sa première condition, les ouragans de l'Amérique et ses longues infortunes, soit qu'elle se plaigne de vivre d'injures, et que, regrettant sa bourbe, comme les carpes de ses bassins, heureuse d'être à Saint-Cyr près de Dieu, elle se plaise à passer quelques instants loin des hommes, en paix et en liberté, soit qu'elle se réjouisse d'avoir quitté le monde dans son cœur, quoique obligée d'y laisser son corps, c'est toujours le même mouvement d'âme, c'est un trait rapide, un sentiment vivement exprimé, mais en peu de mots. Madame de Maintenon n'est pas gaie; la plaisanterie et ses jeux inépuisables sont bannis de ses lettres : c'est toujours avec son cœur et sa raison qu'elle écrit.

Qui dira ce que fut madame de Glapion? son nom a presque disparu et bien peu s'en souviennent. C'était une de ces vertus humbles, amies du silence, qui répandent autour d'elles les bonnes œuvres, l'amour et le bonheur, sans laisser le lendemain de traces de leur passage. Il lui fut donné d'être immortalisée par quelques mots et quelques lettres de sa royale amie, et c'est là ce qui a porté jusqu'à nous le modeste souvenir de sa vie. C'était ce Mardochée que Racine avait trouvé, et dont la voix allait droit au cœur. Cette amie plus fidèle que Fénélon, plus dévouée que M. de Beauvilliers et de Noailles, invariable dans ses affections comme dans sa foi, malgré les légères erreurs des plus belles âmes, elle qui méritait cette exclamation : « Il n'y a que Glapion qui ne m'ait pas trompé ! » Elle, dont les défauts auraient été les vertus des autres. Quelle intelligente, quelle inépuisable amitié dans toutes ses lettres ! Il y a une passion pieuse, bien plus vive qu'une amitié de la terre, une charité ardente qui gagne les âmes à Dieu et les soutient dans les dangers de la vie. Un jour même, madame de Maintenon lui écrit sous forme d'examen de conscience. Quels soins pour la rappeler à l'humilité, pour vaincre la révolte et la délicatesse de ses goûts augmentées par la tristesse inséparable d'une mauvaise santé ! Qu'est-ce pour madame de Maintenon que la cour éclatante de Versailles, que sont les respects de la France auprès de la vie de Glapion, dont toutes les actions sont de bonnes œuvres dans l'asile et la douce paix de Saint-Cyr.

Madame de Dangeau, la plus belle, la plus jolie, la plus jeune, la plus délicate, la plus nymphe de la cour, comme disait madame de Sévigné, avait d'autres titres, ce me semble, à l'amitié de madame de Maintenon. Sa vertu hors de tout soupçon, sa bonne conduite dans une place fort glissante, la justesse de son esprit, et, plus que toute autre chose, sa fortune et sa naissance l'avaient charmée. Elle l'aima pour les embarras et la gêne de son existence, pour les jalousies que son amitié lui attirait, et dans la suite pour le riche et malheureux mariage qu'elle lui avait fait faire. Son amour de la solitude contrarié par l'activité inquiète du marquis de Dangeau, sa résignation, le sacrifice des goûts de son cœur aux exigences de sa vie, sa conduite extérieure reglée, soumise, dévouée, sa conduite intérieure toute à Dieu, c'était là le sujet des désirs ou des regrets de madame de Maintenon. Quand elle écrivait à la marquise, c'était à elle-même qu'elle songeait ; et plus tard, quand seule, retirée du monde, à la vue de la mort, elle apprend que son amie est entre un mari mourant, un fils à demi-mort, une belle fille frappée d'un mal incurable et un enfant de treize ans pour toute ressource et pour toute consolation, cette image lui en présente une autre plus douloureuse encore, lorsque l'amitié aurait suffi pour l'affliger.

On a rarement parlé du style de madame de Maintenon, sans doute parce que de telles lettres ne rentrent presque pas dans le domaine de la critique littéraire ; elles appartiennent plus à l'histoire et à la morale. Telles ne sont pas les lettres de madame de Sévigné. Plus légères, plus gaies que celles de madame de Maintenon, moins recherchées et plus morales que celles de Voiture, plus spirituelles et plus vives que celles de Balzac, elles offrent un heureux mélange de ces deux écrivains, sans avoir leurs défauts. La critique y trouve des modèles de style, l'histoire y trouve une foule de détails de mœurs, la décence quelques lignes à reprendre, la morale une vie entière à approuver.

Madame de Sévigné n'écrit pas, comme Voiture, à des protecteurs qui l'honorent en l'accueillant parmi leurs familiers, et qu'une lettre paie de reconnaissance. Elle n'est pas obligée de complimenter, de flatter, de louer des qualités imaginaires, de créer des perfections. Elle n'est pas née, comme Balzac, avec un esprit grave, ferme, qui, nourri et élevé dans le commerce des anciens ou parmi leurs plus humbles admirateurs, en a conservé un ton noble, grave et droit, et qui se prête avec peu de complaisance aux détails trop simples d'un petit billet, d'une invitation ou d'un remercîment. Elle n'a guères plus de rapport avec madame de Maintenon. Ses lettres ne sont pas datées de Versailles ou de Marly, elle n'écrit pas du haut du trône ; elle n'accorde pas, elle n'offre pas de grâces. Elle ne reçoit pas de remercîments comme ceux de madame de Montmorency ou de monsieur de Richelieu, qui, un pied dans la fosse, demande avec la délicatesse la plus exquise la protection de son ancienne protégée ; *Dieu n'est pas son motif*, *Dieu n'est pas sa récompense*. Elle n'a pas le ton grave, un peu élevé que donne l'habitude de la direction; elle n'écrit pas aux plus vertueux évêques de France : elle n'a pas à se faire pardonner sa prodigieuse fortune à force de politesse et de bonté. Non : elle traite d'égal à égal; ses lettres ne montent ni ne descendent; quelle que soit leur route, qu'elles partent des Rochers ou de Paris, qu'elles aillent en Bretagne où à Meudon, leur démarche ou plutôt leur allure est la même. C'est toujours la plus intime familiarité : le sujet seul peut mettre entre toutes ces sœurs quelque différence : *telle cependant que ce seront toujours des sœurs.* (1) Mais ces sujets si variés, si fugitifs, qu'un jour, qu'une heure fait naître ou emporte, comment les saisir, les arrêter dans leur marche rapide ? Pour fixer ce mobile tableau où se reproduisent toutes les pompes gaies ou tristes de la cour, les victoires ou les défaites des armées, les grandes révolutions de la vie ou de la mort, il faudrait quelque baguette magique des romans du bon vieux temps. Peut-être vaudrait-il mieux du talent.

Puissé-je plutôt admirer à loisir ce modèle aussi vivant, aussi varié, aussi riche, mais plus réel, plus durable, plus immortel, si je puis ainsi parler, que madame de Sévigné nous a laissé dans la perfection de son style et de ses récits. Elle est avant tout grand écrivain. La vraie langue française n'est tout entière ni dans Bossuet, ni dans Fénélon, ni dans Racine ni dans Corneille ; elle est aussi dans madame de Sévigné. C'est un don de notre esprit que la vivacité, comme la clarté et la netteté sont des qualités de notre langue. Aussi la littérature française fut-elle conteuse à son enfance. Des récits, des mémoires, des fabliaux sont ses premiers monuments. A peine la langue était-elle formée, que déjà dans les fêtes des cours, dans le silence des cloîtres, on racontait les aventures de Seigneurs; on chantait par parties les nouvelles de la Croisade, ou les malicieuses légendes qu'inventait l'esprit frondeur du peuple. Peut-être ne nous a-t-il manqué qu'un peu de sérieux et de pa-

(1) Ovide.

tience pour *conduire* (1) l'épopée dans toute la longueur de ses épisodes et le nombre infini de ses événements.

Mais le récit net, rapide, ingénieux, qui court, qui vole, quelle nation en a mieux que la nôtre possédé le secret? Et, entre nos siècles littéraires, lequel a su mieux conter, mieux embellir par les plus charmants détails un fait si court, si petit, si frivole qu'il soit, que celui où la langue était, dit-on, *courtisanesque* et *princière?* Oui, quand Bossuet donnait à la parole ses sublimes accents, après le grand Corneille; quand Racine ennoblissait les faiblesses de l'amour par la magnificence et la beauté de son style, on contait en France, on contait avec une grâce infinie; et cette même langue, qui se prêtait à toutes les formes de la pensée, devenait entre des mains habiles, grâce au talent de l'écrivain ou au ton du sujet, légère et rapide. Vous la critiquez, vous l'outragez cette belle langue, vous l'accusez de pauvreté, et pourtant elle suffisait, pour la grâce et la simplicité, à la conversation la plus naturelle, à toutes les relations de la vie; elle suffisait à Boileau pour railler nos vices, à Lafontaine pour faire parler ses bêtes; elle suffisait à tant de grands écrivains, qui, dans des ouvrages pleins de naïveté et d'éloquence, de malice et de gravité, ont trahi les faiblesses ou célébré les gloires de cette belle époque. C'était le temps, il est vrai, où la société et ses relations intimes, où la conversation destinée d'ordinaire à passer si vite sans laisser aucune trace, ont bien valu la peine qu'un écrivain sérieux et moral en traçât les lois, que La Bruyère mit sur la même ligne la société et la conversation, aussi bien que le cœur et les ouvrages de l'esprit. Grâce à cette étroite liaison, le dix-septième siècle est celui qui a pu faire dire avec le plus de raison que la littérature est l'expression de la société. Les mœurs n'étaient pas sévères en apparence, mais pures en réalité; le cœur était inébranlable en dépit des téméraires légèretés de l'esprit. La langue allait aussi loin que le goût pouvait le lui permettre. Il y avait pour les mots, comme pour les pen-

(1) M. Villemain.

sées, une salutaire pudeur qui arrêtait les écarts; la liberté était entière, parce qu'on n'avait pas à craindre les excès de la licence. Aussi voyez la plume de madame de Sévigné, elle n'a point de frein; elle marche, elle court, elle vole, elle ne se repose pas, jamais elle ne se fatigue. Elle prend un sujet, elle le quitte; elle le reprend et se joue de mille manières. Tra, tra, tra, la cour, la ville, la campagne, rien ne l'embarrasse; elle glisse sur mille difficultés. Tra, tra, tra, c'est la joie qui est l'état naturel de son âme, c'est le récit des divertissements qui augmentent son esprit et sa beauté. Tra, tra, tra, elle traverse la cour; ici un ridicule, là une grande vertu; ici une critique, là un éloge. Elle rit, elle pleure; c'est madame de Montespan en colère, Mademoiselle avec ses tragiques désespoirs, Lauzun et sa prison; c'est le marquis de Vardes, avec sa tête unique en son espèce et sa mine de l'autre monde; c'est Boileau raillant, confondant, mettant en rage un Jésuite; c'est l'archevêque de Rheims renversant, je n'ose dire comment, un coquin et sa monture, qui du reste galopent encore, comme la lettre qui nous conte l'aventure.

Le propre des grands écrivains est de ne se trouver arrêtés par aucune difficulté, de ne redouter aucun détail et de passer sans brusque transition par tous les tons. La gêne s'est-elle jamais fait sentir à madame de Sévigné? Il y a dans la langue aujourd'hui des mots heureux qu'elle a créés; j'aurais dit volontiers des sentiments qu'elle a trouvés, tant la parole donne de valeur et de force à la pensée? Cette langue formée par l'expérience et réglée par le bon sens, comme disait Bossuet, atteignait la perfection entre ses mains. Ni une scrupuleuse régularité, ni une délicatesse trop molle n'éteignent le feu de son esprit ou la vigueur de son style. Aussi libre, aussi indépendante que les plus heureux génies ses contemporains, soit qu'elle ennoblisse un terme vieilli ou familier par la hardiesse de l'emploi qu'elle en fait, soit qu'elle se serve des termes les plus élevés et qu'elle les trouve à la hauteur de ses pensées, elle est toujours vraie. Elle a *toutes les conceptions* si vives et si nettes qu'elle les rend par une image. Le maréchal de Bellefonds est tout d'une pièce; un sermon est jeune et beau. La confiante jeunesse ne relève que de Dieu et de son épée. La néphrétique est un rabat-joie; elle parle en basse note.

Plus correcte, plus pure, tout aussi vive et éloquente que saint Simon, ce rival de Tacite, au lieu de ces longs tableaux où le grand Seigneur mécontent décrit avec complaisance l'humeur méchante et la capricieuse hauteur de madame de Montespan, cette beauté impérieuse, accoutumée à dominer, à être adorée; au lieu de cet *appartement* si scrupuleusement détaillé et des scènes bizarres qu'amène le mariage du duc de Chartres; madame de Sévigné nous met sous les yeux, comme un portrait, cette confusion sans confusion de tout ce qu'il y avait de plus élevé; les mille louis répandus sur la table en guise de jetons; Dangeau qui ne songe qu'à son affaire; elle termine par ce mot simple, mais énergique s'il en fût: « Madame de Montespan est une triomphante beauté à faire admirer aux ambassadeurs, qui a redonné le roi. » Est-ce Saint-Simon, est-ce madame de Sévigné qui a peint aussi malicieusement les lenteurs, les défaites, les désirs chancelants de madame de La Vallière; elle ne parle plus d'aucune retraite, c'est assez de l'avoir dit. Sa femme de chambre s'est jetée à ses pieds pour l'en empêcher; peut-on résister à cela? Je puis bien rappeler ce trait, elle se l'est depuis reproché.

Chose étrange! cet esprit si élégant, si cultivé, à qui la solitude ne plaît que par instant est aussi celui qui aimait avec passion la campagne et la peignait avec bonheur. Quel charme anime ces pages où elle trace la vie qu'elle menait aux Rochers, à l'ombre de ses grands arbres et de ses jeunes plantations, de ce bois où le rossignol et la fauvette ouvrent le printemps. Chaque saison a son trait caractéristique; c'est le triomphe du mois de mai, ce sont les jours de cristal de l'automne. Dans tous ces détails, madame de Sévigné n'a de rival que Lafontaine: comme lui elle a le mérite si rare dans ce siècle de société et de monde, de sentir vivement la campagne. Aussi est-elle la première qui ait conçu de l'admiration pour ce poète et qui l'ait exprimée. Qui jamais l'a mieux loué? qui a plus justement estimé cette poésie familière, qu'aucune autre littérature n'a jamais produite? Qui est le mieux entré dans tous les secrets de cette langue simple et naïve que chacun de nous croit posséder tant elle a de naturel, c'est cette femme qui a prêté à toutes les petites passions, à tous les jeux de la cour et de la ville un langage vrai et naturel, qui a su animer toutes les conversations, donner un corps, une âme à tous les acteurs de ces petits drames qu'elle appelait ses lettres. Avec quelle malice et quelle colère elle plaint les gens qui ne peuvent comprendre les beautés de Lafontaine; elle leur ferme sa porte, elle prie Dieu pour eux, et souhaite de n'avoir jamais aucun commerce avec de tels gens. Lafontaine, Sévigné, noms immortels tant que la grâce et l'esprit trouveront des admirateurs, tant que la France sera fière d'être la nation la plus délicate et la plus ingénieuse, tant que sa langue se fera honneur d'être la plus vive et la plus nette de toutes les langues de l'Europe moderne! Les autres peuples ont eu de grands orateurs, des écrivains et des poètes admirables; la France seule a eu Lafontaine et Sévigné.

NOTE.

Ce morceau sur le genre épistolaire faisait partie de l'éloge; j'ai cru plus convenable de le placer en note:

Y-a-t-il un genre épistolaire qui soit du domaine de la critique littéraire; une lettre n'a-t-elle pas toujours atteint son but, quand elle apprend à nos amis, de quelque manière que ce soit, les choses qu'il leur importe d'apprendre, et que nous avons intérêt de leur faire savoir?

C'est Cicéron qui se pose cette question; mais après qu'on a lu sa correspondance, on ne peut douter, à la vue de ces modèles si beaux, qu'il n'y ait dans ce genre une perfection à atteindre et des règles pour y parvenir. L'homme a toujours eu besoin de communiquer ses pensées: la conversation à longtemps suffi à ses relations de famille, l'éloquence est née dans le sein des états populaires, qu'elle gouverne par la parole. Mais ces deux moyens, quelque variés, quelque puissants qu'ils soient, ne sauraient répondre aux besoins de l'existence de l'homme, à l'activité de son esprit, aux affections de son cœur. Franchissant les distances, une lettre porte au loin sa pensée; elle est familière et simple comme la conversation; animée et puissante comme la voix de l'orateur. Elle conseille, elle encourage, elle apaise la colère, elle résiste à l'injustice, elle touche, elle persuade. Elle brille de tous les charmes de l'esprit; elle exprime toutes les passions de l'âme. Elle défend Fouquet avec autant de force que Lafontaine et Pelisson; elle dispute à Mascaron et à Fléchier l'honneur de louer le plus dignement Turenne.

Toutefois, pour que ce genre de littérature soit cultivé avec succès, il faut des conditions que n'ont pas toujours réunies les différents siècles littéraires. La société grecque ne nous a laissé aucun monument sérieux en ce genre.

Durant les premiers siècles de la république romaine, la gravité des sentiments de famille, la sévérité des principes, et la domination exclusive des affections politiques rendirent longtemps impossibles de telles relations ; et quand parut Cicéron, ce grand écrivain rempli de tous les charmes de l'esprit, de la philosophie et de la littérature des Grecs, passionné pour la patrie qu'il avait su défendre, animé par les plus puissantes affections qui fermentent dans le cœur de l'homme ; ami dévoué, ennemi ardent, la vie romaine avait alors, au milieu de l'agitation des guerres civiles, quelque chose de plus aventureux et de plus inquiet : les existences étaient plus menacées ; on éprouvait davantage le besoin de communiquer ses sentiments. Ces graves sénateurs, qui avaient longtemps défendu la cause de la liberté, ces nobles et doctes amis qui, sous les ombrages de Tusculum, avaient consacré de longues journées à commenter les chefs-d'œuvre de la Grèce, où à regretter la grandeur de la république, séparés tout-à-coup par les orages civils, ne pouvaient cependant renoncer à leurs relations habituelles, et ils s'écrivaient pour parler de la patrie expirante ou de la philosophie qui console. Dans ce vaste recueil, plein des plus curieux détails sur la vie morale et intellectuelle des Romains, malgré tant de pages éloquentes arrachées à l'indignation ou inspirées par la douleur, malgré les belles et nobles effusions de l'amitié, on le sent trop, la considération des malheurs de la république tient plus de place qu'aucun autre sentiment. L'homme disparaît souvent, l'homme qui, par l'ardeur et la mobilité de ses passions, donne à une correspondance tout son prix. Le citoyen et ses graves préoccupations se présentent sans cesse. Ce vif amour de la patrie, si impérieux dans ses prescriptions, si exclusif et si jaloux dans ses exigences, tenant toutes les pensées renfermées dans les intérêts de cette terre, laissait peu de loisir à l'écrivain pour s'occuper de son âme et des fins de son existence. D'ailleurs la philosophie, toute belle, toute noble que l'avaient faite Platon et ses disciples, ne savait trop que lui proposer pour but de ses espérances ou pour sujet de ses craintes. Il manque à la correspondance de Cicéron quelque chose de moral et de religieux ; sa pensée ne sort pas du temps.

Au contraire, les agitations infinies de notre cœur, la fatigue et le poids de la vie; la lutte de nos bons et de nos mauvais penchants, forment le fonds des déclamations que Sénèque a appelées ses lettres. A ce moment plus de patrie, plus de relations de famille. Quand la vertu était proscrite, que le crime était récompensé par la fortune et par les honneurs, il est curieux de voir les derniers souvenirs de la liberté réfugiée dans la morale et les dernières tentatives de la philosophie aux abois ; il est curieux de voir comment, du sein d'une cour avilie et infâme, un homme dégoûté de ses immenses richesses, et des excès de Néron, proclamait le culte de Dieu et de l'âme; exaltait avec enthousiasme le dévoûment et la vertu, admirait Caton à la cour des Césars ; ou bien, traçant avec finesse les progrès de la corruption du goût, attribuait à une cause morale l'affaiblissement des esprits et la décadence des langues. Toutefois la vie manque à cette correspondance ; ces lettres sans réponse sont belles, mais froides. L'esprit de Sénèque, amoureux de l'antithèse, pose et réfute un principe; athlète, souple, léger, mais peu sérieux, il porte les coups et les pare. *Les batteries d'idées* et *les cliquetis de mots* (1) s'y trouvent trop souvent, et ne leur donnent qu'une fausse apparence de vie.

A mesure que l'esprit public se dégrade; que, par corruption des mœurs, ou du gouvernement, la société s'affaisse, les objets de ses pensées se rapetissent. La frivolité s'empare de ses jugements, rien de grand, rien de bon ne sort du despotisme ni de la corruption. Pline-le-Jeune, qui vécut dans un de ces rares intervalles où un bon empereur consolait le monde en passant, Pline fait quelquefois pitié par la petitesse des détails qu'il étale avec orgueil. Il écrit une lettre pour écrire une lettre, pour faire parade de je ne sais quel trait d'esprit, pour annoncer et publier quelque petite magnificence de gouverneur. Du reste, aucune des grandes passions politiques qui donnent à la correspondance de Cicéron tant de force et d'éloquence ; aucune des inquiétudes morales qui tourmentent Sénèque ; mais

(1) Fénélon.

de petites questions de goût, soutenues avec esprit : beaucoup de traits prétentieux, recherchés ; beaucoup d'historiettes, dont la postérité se soucie fort peu, et que rachètent à peine les détails de mœurs et les anecdotes littéraires.

A cette époque, où il n'y avait plus de patrie à défendre ni même à regretter, plus de morale qui, par l'importance de ses questions, venait par fois troubler la conscience de l'homme au milieu des jouissances de la vie, la société tombait en ruines de toutes parts ; lorsqu'une foi nouvelle la releva tout-à-coup et fit naître des affections et des sentiments ignorés jusqu'alors. Qui inspirait ces hommes simples qui changèrent la face du monde ? Qui donnait à leurs écrits, à leurs lettres tant de force et de puissance ? Le désordre règne dans l'empire ; plus d'obéissance dans les légions, plus de sûreté dans les frontières : que dis-je, plus de légions, plus de frontières ? Les Barbares ont inondé toute la surface du monde, ils égorgent, ils pillent. Les peuples sont dans l'épouvante et dans la consternation : qui donc les soutient et les ranime dans le découragement ? Qui fait de leur désespoir une vertu ? Qui arrête, apaise, adoucit le barbare indompté ? Qui sauve les nombreuses victimes des gouverneurs romains ? Souvent une lettre partie du fond de l'Orient ou des rivages de l'Afrique venait fixer les suffrages incertains de la Gaule ou de l'Espagne : Une autre, lue dans les réunions secrètes de la société chrétienne, inspirait aux nouveaux fidèles une invincible résignation à l'approche de la mort ; soit qu'il fallut l'affronter sur le champ de bataille pour le service de l'empire, ou la mépriser dans l'amphithéâtre pour le plaisir des empereurs : une troisième faisait tomber le glaive de la main des persécuteurs. Mais combien n'était-elle pas plus admirable encore cette foi, descendue du ciel pour ranimer le monde, quand elle se renfermait dans les devoirs et les affections de la famille, dans les épanchements de l'amitié et les conseils de la charité ? Combien sont éloquentes ces pages si simples et si naïves des premiers docteurs de l'Eglise, soit que dans de doux appels ils gagnent à Dieu et à la solitude les retardataires du siècle ; soit qu'ils défendent avec humilité leurs ouvrages, ces magnifiques monuments de la charité dont ils étonnent déjà le monde ; soit qu'ils adressent aux tyrans des apologies de la religion chrétienne; soit qu'ils s'animent l'un l'autre contre les persécutions, contre les tentatives des schismatiques, contre les attaques des passions; soit enfin que, semblables à leur maître, ils ramènent au troupeau une vierge, une veuve, âmes précieuses aux yeux de Dieu, qu'un instant allait perdre.

Il serait facile, à l'aide des correspondances qui nous restent, de suivre, dans tous ses détails et ses nuances les plus délicates, l'histoire des peuples et des grands hommes; aucun autre monument littéraire n'a autant de franchise et de sincérité. Les Mémoires, malgré leur abandon, sont trop souvent une apologie ou une critique adressée au public. Les lettres ressemblent à des conversations; elles n'ont pas même à craindre un regard qui puisse les intimider ou les gêner dans la liberté de leurs aveux; pas un mot de reproche, pas une exclamation. C'est une image de l'âme. C'est le consul romain qui rentre en grâce avec son frère, ou qui se réjouit de la mort de César; c'est Basile qui invite son ami, le compagnon de ses études, à venir partager sa retraite; c'est le pape qui appelle à son secours Pépin ou Charlemagne; c'est saint Bernard soulevant l'Occident; c'est Condé, c'est Turenne annonçant une victoire; c'est Bossuet écrasant un adversaire; Fénélon sauvant une âme, madame de Sévigné causant pour causer, madame de Maintenon oubliant dans le sein de l'amitié ou dans les conseils de la charité les ennuis du trône et les amertumes de sa haute fortune.

Mais pour qu'une époque voie éclore ces correspondances si animées, si éloquentes, si complètes, qui à elles seules composeraient toute son histoire, il faut une grande culture d'esprit, un état paisible et tranquille, où la vie laisse le temps au cœur de sentir les joies et les chagrins qui la traversent; une époque de morale et de vertu où les devoirs les plus grands trouvent toujours avec qui s'accomplir, les affections légitimes avec qui s'épancher. Ainsi, ce ne sera pas dans les premiers temps d'un peuple qui se civilise, d'une société qui se fonde, quand la langue à peine formée, le goût incertain, l'esprit grossier ignore les richesses et les jouissances infinies qu'ils renferment : ce ne sera pas alors que les hommes songeront à combler par des lettres le vide de leur séparation. Ce ne sera pas non plus quand la vie est agitée, emportée par le tourbillon des affaires; quand chaque jour, chaque heure amène de grands périls; dans ces temps où les réticences sont de la sûreté, où le silence est un devoir; quand la turbulente Italie chasse et punit ses grands hommes; quand la France, furieuse et ivre de sang, intimide les âmes les plus fortes par l'appareil de ses supplices: ce ne sera pas non plus quand le despotisme pèse sur les consciences, étouffe la liberté, épouvante et condamne au silence les plus noble sentiments.

Mais ce siècle heureux, où.....

FIN.

www.ingramcontent.com/pod-product-compliance
Ingram Content Group UK Ltd.
Pitfield, Milton Keynes, MK11 3LW, UK
UKHW020956220726
13924UKWH00002B/727